CÍRCULO *Luna Parque*
DE POEMAS *Fósforo*

A tradição

Jericho Brown

Tradução
STEPHANIE BORGES

I

13 Ganimedes
14 Como um ser humano
15 Flor
16 Os microscópios
18 A tradição
19 Herói
20 A partir de *Terra Estranha*
21 Nenúfares
22 Antes do nascer do dia
23 Cartas na mesa
24 Pontos importantes
26 Duplex
27 As árvores
28 Segunda língua
30 A partir de Avery R. Young
32 Um jovem

II

35 Duplex
36 Charada
37 Boa gente branca
38 Correspondência
39 Troiano
41 A lenda da *Boa* e *Bela*
42 Os pêssegos
43 Turno da noite
44 Pá de terra
46 O caminho mais longo
48 Querida Brancura
49 Do cisne
50 Indústria do entretenimento

51 Participação
53 Escala

III

57 Duplex
58 Sobre a minha fúria
59 Depois de Essex Hemphil
60 Estadia
61 A.D.
62 Virar você
63 O vírus
64 Os coelhos
65 Monoteísmo
66 Token
67 Os martelos
68 Eu conheço aquilo que amo
70 Travessia
71 Salvação
72 Reflexões sobre o Parque Nacional Histórico do Jazz de Nova Orleans
75 Escuro
76 Duplex
77 Bunda e coxas
78 Cakewalk
79 Condição
80 Duplex: Cem

81 NOTAS DO AUTOR
82 AGRADECIMENTOS

83 NOTAS DA TRADUTORA

Em memória de
Bertha Lee Lenoir
(1932-2018)

*Trago uma pessoa inteira para você
e você vai me trazer uma pessoa inteira
e assim teremos duas vezes mais
de amor e de tudo.*

Mari Evans

I

Ganimedes

Um homem troca o filho por cavalos.
Essa é a versão que prefiro. Gosto
De como é segura, ninguém é culpado,
Todos são recompensados. O Deus fica
Com o garoto. O garoto se torna
Imortal. O pai cavalga até que
O luto para ele soe tão bem quanto o galope
De um animal nascido para carregar
Os que patrulham o reino
Que herdamos. Quando olhamos o mito
Desse jeito, ninguém se dá ao trabalho de dizer
Estupro. Então, você não quer que Deus
Te queira? Você não sonha
Com alguém alado te levando
Até as nuvens? E quando o senhor vem
Buscar nossos filhos, ele tem o mesmo cheiro
Dos homens donos dos estábulos
No paraíso, aquele terreno distante
Entre a Promessa e o Perdão.
Ninguém tem que nos convencer.
O povo do meu país acredita que não
Podemos ser feridos se pudermos ser comprados.

Como um ser humano

Existe a felicidade que você tem
E a felicidade que você merece.
Elas se sentam longe uma da outra
Como você e sua mãe
Se sentaram em pontas opostas do sofá
Depois que uma ambulância veio para
Buscar seu pai. Algum bom
Doutor vai remendá-lo, e
Em breve uma tia vai chegar e levar
Sua mãe para o hospital
Onde ela se acomodará ao lado dele
Para sempre, como prometido. Ela aperta
O braço da poltrona como se pudesse
Cair, como se fosse a única coisa firme,
E é, uma vez que você fez o que
Sempre quis, você brigou
Com seu pai e venceu, fez um estrago nele.
Ele terá uma cicatriz visível, tudo
Por sua causa. E sua mãe,
A única mulher pela qual você já chorou,
Deve cuidar disso como uma noiva cuida
De seus votos, abandonando todos os outros
Não importa quão doída a ferida
Não importa quão doído a ferida
Te deixou, você se senta e vê a si mesmo
Como um ser humano finalmente
Livre agora que ninguém precisa te amar.

Flor

Pássaro amarelo
Casa amarela
Singela canção
Amarela

Luz na minha
Boca biliosa
Esses dentes
Amarelos precisam

Ser escovados, mas
Você admira
O meu sorriso
Amarelo. Esse

Menino negro
Continua a cantar.
A vida pequena.
A bile amarela.

Os microscópios

Pesados e caros, duros e pretos
Com partes cromadas, pareciam
Filhotes de canhões, verdadeiros filhos da guerra, e eu
Sentia ódio deles por isso, pelo que o professor disse
Que eles podiam fazer, e então odiei cada um
Pelo que fizeram quando desistimos
De espiar os corpos uns dos outros
Para encostar o olho direito ou esquerdo no cano e ver
O que realmente somos quando reduzidos a uma célula
E então recompostos outra vez, cada coisa atômica
Um pedaço do meu cabelo cacheado numa lâmina
Tão sem importância quanto o de qualquer um
Naquela aula de ciências cresci
Aprendendo qual pequena diferença
Deus veria se Deus me visse. Era o começo de um medo
Minúsculo que não vale a pena mencionar,
Fino feito o lápis atrás da minha orelha, perdido
Quando procurei por ele
Para apunhalar alguém que eu amava em segredo: um
                                       [garoto mais velho
Que avançava
Pelos corredores estreitos, cheios de armários, empurrando
Sem pedir
Licença, mais um insulto que uma luta. Nenhuma
                                       [grande perda.
De jeito nenhum. Nada que precise ser estudado
Ou lembrado. Nenhuma briga no corredor
A caminho da prova de história americana
Em que quase passei. Casacos vermelhos.

Glóbulos vermelhos. Escolas de tijolos vermelhos
Para as quais ia de ônibus para ser educado. Não lembro
A data exata ou
A série, mas sei quando comecei a ignorar sinais sutis
Que levavam os outros a atacar ou recuar. Sou um tipo
De camuflagem. Nunca dei com a língua nos dentes por medo
De conflitos tão antigos que parecem não levar
A nada na verdade — partículas de pó deixadas para trás —
Como a geografia viral de um território ocupado,
Uma região que imagino que você imagina quando vê
Uma mulher branca andando com um micróbio que nem eu.

A tradição

Aster. Nasturtium. Delphinium. Com os dedos na terra
Pensávamos que a terra era nossa, aprendendo
Nomes no calor, nos elementos que os filósofos
Clássicos diziam que poderiam nos transformar. *Lírio.*
Dedaleira. O verão parecia florescer contra a vontade
Do sol, que segundo novos relatórios flameja mais quente
Sobre este planeta do que quando nossos falecidos pais
Secavam o suor do pescoço. *Cosmos. Véu-de-noiva.*
Homens como eu e meus irmãos filmávamos o que
Plantamos como prova de que existimos, antes
Que fosse tarde demais, acelerávamos o vídeo para ver
                                        [os botões
Se abrirem em segundos, com cores que você espera ver
                                        [em poemas
Em que o mundo acaba, tudo derrubado.
John Crawford. Eric Garner. Mike Brown.

Herói

Ela nunca soube distinguir um do outro, então eu e meus
[irmãos crescemos brigando
Pela atenção da nossa mãe
Como pretendentes bronzeados em um mito grego.
[Estávamos dispostos
A fazer o mal. Deixávamos nossas bocas lambuzadas de
[chocolate. A caçula dentre as crias de minha avó
Ela chorava em enterros, chorava quando me batia. Ela me
[batia
Todo dia. Me interesso mais por pessoas que se dizem gratas
Pelas surras na infância. Nenhuma delas levou uma da
[minha mãe,
Que nos acordava para ir para a escola com seus tapas ardidos
[nas coxas nuas.
Aquele lado da família é mais preto. Eu devia ser grato. Assim
[serei —
Ninguém no mundo sabe quantos abortos aconteceram
Até uma mulher arriscar sua liberdade ao dar nome ao risco,
Ao levá-lo ao seio. Não sei por que estou vivo agora
Pois ainda não consigo impressionar a mulher que me bateu
Até virar gente. Transformei minha mãe numa avó. Ela
[me agradece
Beijando meus filhos. A gratidão é negra —
Como um herói negro que volta da guerra para um país que
[depende de sua morte
Muito obrigado, meu Deus. Não consigo ser mais cruel
[que isso.

A *partir de* Terra Estranha

Alguns escuros entre nós, os escuros,
Uns como eu, caminham
Por aí procurando por
Um edifício ou uma ponte.

Resmungamos e apertamos
Nossos lábios, convencidos,
Até vermos como é longa
A distância até lá embaixo.

Chegamos para partir
Dizendo que somos
Covardes, mas você não,
Rufus. Você vai

Até a ponte George Washington —
Destemido como um agente da lei
Autorizado a comandar o trânsito
Quando os sinais

Se apagam — e você salta
Sujo contra a brancura
Do céu para sua fuga
Em meio à brancura

Da água.

Nenúfares

Eles se abrem de dia e se fecham à noite.
São bons com as aparências. São brancos.
Eu os julgo, julgo a análise que fazem
De si mesmos, seres ambiciosos, falsos,
Na minha opinião. Na minha opinião, digo não,
Obrigado, não preciso observar o que acontece
Só de imaginá-los sendo vistos, não preciso
Vê-los bocejar com seus lábios finos, nutridos

Pela luz, absolutos e impassíveis. Eles me lembram
Das pessoas negras que assistem a filmes
Sobre escravos e saem falando como elas teriam
Lutado para açoitar Legree com o próprio chicote
E fugiriam do engenho,
Os olhos voltados para o sol, sem se cegar.

Antes do nascer do dia

Minha mãe cultivava glórias-da-manhã que se espalhavam
                [pela calçada diante da varanda
Porque era uma mulher dona de seu chão e mostrava isso lhe
                [dando cor.
Ela dizia que eu podia ter qualquer coisa pela qual
            [trabalhasse. Isso queria dizer que ela era uma americana.
Mas ela diria que era porque acreditava
Em Deus. Tenho vergonha da América
E Deus me confunde. Dou graças a Deus pela minha
                [cidadania apesar
Do tempo escasso que tenho para escrever
Essas palavras: Eu amo minha mãe. Eu amo mulheres negras
Que plantam flores acanhadas feito seus filhos. No momento
                [em que os botões
Desabrocham por umas poucas horas de luz, as mulheres
                [que cuidam deles
Já estão no trabalho. Nunca saberei quem inventou a mentira
                [de que somos preguiçosos.
Mas adoraria acordar o maldito
Ainda de madrugada, enfiá-lo num caminhão, e levá-lo
                [perante Deus
Por todos os pontos de ônibus do país para ver todo aquele
                [povo preto
Esperando para ir trabalhar para ter o que quiser. Uma
                [casa? Um menino
Para manter a grama cortada? Alguma cor no quintal?
Meu Deus, a gente torna as coisas verdes.

Cartas na mesa

Pare de jogar. Você se lembra sim das mesas de baralho,
Figuras lisas sagazes como homens com corte degradê,
Baixos mas retilíneos
Porque os dobramos em fraqueza evidente
O que não queríamos? O que não exigiríamos?
Com que perfeição cada superfície foi feita
Para apostar, bater ou deixar uma porção
Considerável de nossos salários.
E como seria possível continuar
Com mais alguém no caminho?
Aquele zé ruela não pediu para ser enganado,
Levar na cabeça, levar uma surra e então ser expulso,
Tudo para nos considerarmos seguros
Agora que está mais confortável, que tem um pouco mais
[de espaço?

Pontos importantes

Eu não vou me dar um tiro
Na cabeça, e eu não vou me dar um tiro
Nas costas, e eu não vou me asfixiar
Com um saco de lixo, e se fizer isso,
Eu te juro, não vou fazer isso
Dentro de um carro da polícia estando algemado
Ou numa cela de delegacia numa cidade
Da qual só sei o nome
Porque preciso passar por ela
Para chegar em casa. Sim, posso estar em risco,
Mas, juro, confio mais nas larvas
Que moram debaixo das tábuas do piso
Da minha casa para fazer o que é preciso
Com uma carcaça qualquer do que
Num agente da lei nesse país
Para fechar meus olhos como um homem
De Deus faria, ou me cobrir com um lençol
Limpo, tão limpo quanto o que minha mãe teria usado
Para me aconchegar. Quando me matar, farei
Do mesmo jeito que a maioria dos americanos,
Eu juro: fumaça de cigarro
Ou um pedaço de carne me fizeram engasgar
Ou, de tão pobre, congelei
Num desses invernos que ainda
Chamamos de o pior de todos. Juro que se você ouvir
Que estou morto em qualquer lugar perto
De um policial, então aquele policial me matou. Ele
Me tirou de nós e abandonou meu corpo, que é,
Independentemente do que nos foi ensinado,

Mais valioso que o acordo
Que uma cidade pode pagar para uma mãe parar de chorar,
E mais belo que a bala novinha em folha
Pescada das camadas do meu cérebro.

Duplex

Um poema é um gesto em direção ao lar.
Ele faz exigências sombrias que tomo por minhas.

    A memória faz exigências mais sombrias que as minhas.
    Meu último amor dirigia um carro vinho.

Meu primeiro amor dirigia um carro vinho.
Ele era impassível e terrível, esguio como meu pai.

    Impassível e terrível, meu pai esguio
    Batia forte como uma tempestade. Deixava marcas.

Chuva leve bate suave mas deixa sua marca.
Como o som de uma mãe chorando outra vez.

    Como o som da minha mãe chorando outra vez,
    Nenhuma surra severa acaba como começa.

Quem apanha não acaba como começamos.
Um poema é um gesto em direção ao lar.

As *árvores*

No meu quintal vivem três resedás, *árvores choronas*
Nós dizíamos uma época, não dão muita sombra mas aliviam
O calor durante uma pausa no trabalho, o suor fresco delas

Pingando sobre nós. Não quero fazer caso disso.
Gostaria de deixar essas coisas esguias em paz
Já que meu dom para a transformação aqui se mostra

Inútil, agora que sei que todo mundo se mexe igual
Seja quem se comove até as lágrimas ou quem se ajeita
Pra socar a minha cara. Um resedá é

Um resedá. Três são uma família. É inverno. Eles estão nus.
Não é que eu goste deles
Todos os dias. Eu gosto deles de qualquer jeito.

Segunda língua

Você vem com um pequeno
Fio preto com um nó
Ao redor da língua,
Amarrado para te lembrar
De onde você veio
E porque deixou
Para trás fotografias
De pessoas cujos
Nomes agora hesita
Em pronunciar. Como é que
Você diz "Deus"
Agora que a noite
Chega mais cedo? Por que
Devemos acordar para trabalhar
Antes do alarme tocar?
Sou o homem que pergunta,
O bisneto
Feito assim pelos arrendatários
Mortos a quem prometeram
Um pedaço de floresta para cultivar.
Eles pensavam que podiam
Ter a terra à qual estavam
Ligados. Naquela região
Do país, um nó
É algo que se consegue
Depois de apanhar
Até cair, e "história" quer dizer
Mentira. No seu pedaço
De país, classe

Quer dizer aula, esta sala
Onde praticamos
Palavras que desfazem sua
Língua quando você diz
Uma mentira ou começa uma promessa
Ou desata como uma história.

A partir de Avery R. Young

Prt não é um país, mas eu moro lá
Onde mesmo os mais jovens te chamam de baby.
Às vezes vocês não são nós. Às vezes você é
Todo mundo. Cai uma chuvarada. Nós
Abrimos as bocas para tomar a chuva. Antes ser radical
Que um tolo. Ah e não,
Não estamos interessados em matar
Gente branca ou fazer com que eles
Trabalhem. Para falar a verdade, alguns cheiraram
Cocaína até o povo começar a chamá-la de
Dona Branca. A escravidão é uma péssima ideia.
Quanto mais você se parece comigo, mais
Concordamos. Às vezes você é todo mundo.
A mente prt é continua-
Mente. Existe um nós. Estou entre eles.
Sou um dos uns. Faço parte. Oom boom
Ba boom. Moro lá onde
Temos o direito de esperar alguma coisa de um irmão.
De um jeito ou de outro ou batendo ponto,
A gente dá um jeito. Aquela
Expectativa. Estonteante. Encantatória. Prt.
Poder em nossas barbearias
24 horas. Poder na Casa do Centro
De Correção de Stateville. O poder quebra
Tenha eu um carro financiado ou não.
Poder debaixo de uma colcha que não desfia, embora
Nunca tenha conhecido a mulher que a costurou
Nem a mulher a quem ela foi dada de presente
Antes de enfim chegar até mim. A mente prt

É uma mente contínua. Não sou uma forma
Narrativa, mas, porra, se eu não contar uma história...
Toda terra que tem dono é uma terra que foi roubada
Então o povo do blues deste mundo caminha
Sobre as águas. Nós não vamos morrer. Música prt.
Raiva prt. A cidade prt do soul
Num lugar muito frio. Prt e escorregadio é um gelo que
[você não consegue ver.

Um jovem

Parados juntos na calçada, meu filho e eu,
Os vizinhos dizem que temos a mesma cara, mas sei
Que ele é melhor do que eu: quando outras crianças partem

Pra cima da minha filha, ele avança como um irmão
Na intenção de derrubá-las. Ele é um guarda-costas
No playground. Ele não se afasta dela

Espanta qualquer inimigo, abala a todos, e me deixa
Perplexo. Nunca lutei por muito —
Acalmei minha filha quando podia ninar

Minha filha; meu filho pavoneia em volta dela.
Ele não terá que curar uma menina que não libertará.
Eles são tão pequenos. E eu sou moço, ainda.

Nele vive minha raiva negra que fracassou.
Eles brincam. Ele ainda não está encarcerado.

II

Duplex

O contrário do estupro é o entendimento
Um campo de flores chamadas serralhas —

    Um campo de flores chamadas serralhas,
    Embora a primavera seja menos verdadeira.

Embora a primavera seja menos verdadeira,
Homens zanzam sem camisa como se nenhum tivesse me
                                  [machucado.

    Homens espalham aquele mito. Na verdade, um me
                              [machucou.
    Quero destruir o campo florido.

Destruir minha necessidade do campo
E levantar um edifício em cima do mato.

    Um edifício de orações contra o mato,
    Meu corpo é um templo em ruínas.

Meu corpo é um templo em ruínas.
O contrário do estupro é o entendimento.

Charada

Nós não reconhecemos o corpo
De Emmet Till. Nós não sabemos
O nome do garoto nem como é o som
Da mãe dele aos prantos. Nós nunca
Ouvimos uma mãe chorar.
Não conhecemos a história
Dessa nação em nós. Nós
Não conhecemos nossa história
Neste planeta porque
Não temos que conhecer aquilo que
Acreditamos possuir. Nós acreditamos
Que possuímos nossos corpos mas não temos
Função para nossas lágrimas. Nós destruímos
O corpo que recusa a função. Nós usamos
Mapas que não desenhamos. Nós vemos
Um mar então cruzamos. Nós vemos uma lua
Então pousamos lá. Nós amamos a terra
Desde que possamos tomá-la. Xiiiiiu. Nós
Não suportamos esse barulho. O que é
Uma mãe aos prantos? Nós não
Reconhecemos a música até que possamos
Vendê-la. Vendemos o que não pode ser
Comprado. Nós compramos o silêncio. Deixe a gente
Te ajudar. Quanto custa
Segurar a respiração debaixo d'água?
Espera. Espera. O que nós somos? O quê?
Mas que diabos somos nós? O quê?

Boa gente branca

A expressão não é minha, eu juro,
Mas da minha avó
Quando alguém a surpreendia
Segurando uma porta aberta
Ou cantando naquele dó maior
Que Stephanie Mills sustentava
Perto do fim de "I Have Learned
To Respect the Power of Love"
Ou dando um peru de presente para ela
No dia 24 de dezembro
Depois de um ano inteiro sem dar gorjeta
Para ela limpar o que eles podiam pagar
Para eles não limparem. Você tem que perdoar
Minha avó com seu *cabelo*
Bom e seu *boa gente branca*
E pelo seu *tapa certeiro bem no meio*
Da sua cara. Abra uma fresta na porta velha
Para comer ou cantar, mas não fale
Mal. Essa preta velha má e morta
Que ainda amo — ela não sabia
O que nós sabemos. Hoje nos Estados Unidos
Qualquer um pode ligar
A TV ou olhar pela janela
E ver vários tipos de pássaros
No ar enquanto cada um que assiste
Sorri e cospe, xinga e canta
Um único hino de sangue —
Tudo está manchado. Ela era feia.
Eu sou feio. Você também é feio.
Não existe isso de branco gente boa.

Correspondência

a partir de The Jerome Project *de Titus Kaphar*
(óleo, folha de ouro e piche sobre painéis de madeira;
17 × 27 cm cada painel)

Escrevo pra você do outro lado
Do meu corpo onde nunca levei
Tiro e ninguém nunca me cortou.
Tive que voltar tão longe para
Me apresentar como um ser inteiro
Em quem você acreditaria e prestaria atenção. Pode confiar
Em quem fui na juventude Você pode saber mais
Quando passa a mão na cabeça de uma criança,
Rápido e sem as interrupções
Que associamos com a penetração.
Para você, jovens são difíceis
De matar. Talvez mais difícil seja ouvir o choro de uma criança
Sem procurar um doce
Para adoçar sua boca. Você não quer abraçá-la?
Não quer sussurrar sobre aqueles anos de antes que minha
[história
Se tornasse culpa das nossas imaginações?
Você pode me tornar
Melhor se você quiser: responda. Ou pegue a estrada.
Cobri minhas feridas com piche
E ajeitei um lugar para você
No lado frio dessa cama de solteiro.

Troiano

Quando um furacão envia
Ventos tão longe ao norte
A ponto de acabar com a energia
Só pensamos em vencer
A guerra declarada aos corpos
Para provar que a fronteira
Entre eles não é real.
Um ato de Deus, tão gentil.
Sem TV. Sem livro. Nenhuma
Diversão. Só eu
E você e nenhum de nós
Disposto a matar. Não me importa
Que eu não ame o meu amante.
Saber onde tatear
Com pouca luz, saber o que
Vai acontecer comigo e em que
Momento, isso vale mais
Que uma vista privilegiada
De um rosto que noutra ocasião
Eu esfolaria se tivesse treinamento
De combate, uma lâmina, uns
Fósforos. Velas são
Românticas porque
Nós entendemos as sombras.
Reconhecemos a forma
Do que já nos fez
Gozar, então chegamos
Pensando a aproximação
De maneiras que dispensem

A substância. Estou respirando —
Ofegando agora —
Na minha própria pele, e eu
Sei disso. O romance é
Um ato. O perímetro
Fica intacto. Nos beijamos
Tão pouco que não posso deixar
De considerar minha segurança.
Consigo dizer a verdade
Sobre o tipo
De pessoa que vive e que
Morre. Sobreviventes descalços.
Heróis condenados, cada
Cadáver aceso numa pira.
Pátroclo morreu porque
Não conseguia ver
O que ele de fato era dentro
Da armadura de seu amante.

A *lenda da* Boa *e* Bela

Tempos atrás, usávamos duas palavras
Para dar valor a uma casa, um carro,
Uma mulher — tudo igual para os homens
Que se diziam donos: coisas
Nas quais se entrava, para sofrer,
Usar e destruir com o tempo, porém
Maior que o amor por elas
Era o sorrisinho confiante
Que um homem exibia ao outro
Dizendo: *Sorte sua, você arranjou*
Uma boa e bela _____.
Difícil imaginar tantos homens
Esperando uns pelos outros para serem
Reconhecidos, cada dente
Torto em nossas bocas ávidas,
Prontos como as sílabas
De uma frase muito curta, todos
Gemendo *meu*, como bebês que
Tentam agarrar o que deve ser bonito
Já que outra pessoa viu primeiro.

Os pêssegos

Escolhi esses dois, machucados —
Talvez maduros demais para levar, acariciando
Cada um enquanto os coloco
No meu carrinho, o menor
Com o caule um tanto
Intacto — porque eles me lembram
Das meninas que não serão meninas
Por muito tempo, ambas protegidas
E seguras como o tesouro
De um monarca num porão debaixo
Do porão de uma casa
Que herdei. Trabalhei duro e quero
Levar para elas algo doce
Para que saibam que sinto mais falta delas
Do que de outras pessoas. Mas antes
Peso os pêssegos, pago
Por eles, faço o breve percurso
Até minha infância, essa casa
De trincos, labirintos
E portas trancadas. Todas as chaves
São minhas agora, embora tenha escondido algumas
De mim. Eu me orgulho
Dos meus presentes. Invento, para vocês,
Um lugar para brincar e quando acharem
Que lá está escuro, entrego
As frutas como dois bulbos de luz
Dilatados que vocês podem segurar,
Observo seus olhos se avivarem enquanto vocês comem.

Turno da noite

Quando me tocam, me ignoram, me medem de cima a baixo,
[penso em mim
Como uma pintura. O artista trabalha apesar da privação
[de sono. Sou uma criação
Belíssima. Nunca como. Uma vez me aborreci com um
[homem que me chamou de
Lanche. Lanchinho da madrugada para ser exato. Aceitei
[porque ele me magoava
Com uma violência que eu confundia com desejo. Eu
[ficava à toa
Numa sala escura da casa dele enquanto ele varria ou
[dobrava roupa.
Quando você é enrolado por tanto tempo, nunca sabe
Que está pronto. A tinta seca. À meia-noite são muitas
[cores. Preto e azul
São só duas. O homem que me coloriu me fez parecer um
[pouco
Com uma obrigação. Como se diz *pronto*
Em francês? Como você desenha um homem no turno da
[noite? Segurança
No museu para cegos, ele come para se manter
Acordado. Está tão cheio, não terá que comer tão cedo.
[Assim segue a noite.

Pá de terra

Eu não sou o homem que meteu uma bala na cabeça dele,
Mas sou pago pra desovar o cadáver:
Estico a manta plástica perto do corpo, enrolo ele
Até ficar embrulhado, fecho com fita adesiva até
Estar totalmente vedado, ponho ao lado
Uma manta impermeável e enrolo até
Embrulhá-lo outra vez, pego um rolo de barbante
E amarro, amarro como um belo presente, um presente
Que uma boa criança desistiria de abrir
Mesmo na manhã de Natal. Estou aqui
Pra ignorar o fedor e jogar o morto sobre
O ombro esquerdo e carregá-lo até a caçamba
De um caminhão roubado. Eu não roubei o caminhão,
Mas lá está ele, do lado de fora, motor
Ligado. Dirijo e presumo que outro alguém
Deve esfregar o sangue do chão
Remover da sala a última evidência do corpo.
Dirijo e canto todas as canções de amor
Que o rádio do caminhão me oferece no caminho
Até um lugar no meio do nada onde uma família
Que faz trilha se recuse a ir, e cavo e cavo e cavo como
Coveiros faziam antes do advento das máquinas,
Então levanto, outra vez, o morto, e jogo, outra vez,
O morto — bem cansado agora. Na verdade, ofegante,
Mas minhas mãos e ombros e braços e pernas
São imparáveis. Jogo o corpo dentro do buraco
Que fiz e murmuro, às vezes, uma daquelas
Canções de amor, às vezes, uma canção que fiz
Enquanto minha cabeça gira, molhada

Com o suor que pinga no buraco que não chamarei
De cova. Transpiro na terra enquanto a reponho,
Cubro completamente o morto antes de devolver
O caminhão onde presumo que outro alguém deve
Esfregá-lo — desligá-lo — da evidência do corpo,
E canto mais uma daquelas canções porque sei
O valor de uma boa música quando precisamos passar
O tempo sem pensar no que apodrece embaixo dos nossos pés.

O caminho mais longo

Seu avô foi um assassino
Estou feliz por ele estar morto.

Ele inventou a escova de dentes
Mas não me dou ao trabalho de ler o nome dele

No edifício no qual entro

Para evitar a chuva. Ele estuprou mulheres
Que ainda nem eram mulheres.

Imagino a riqueza que ele deixou
Quando você fica vermelha. Imagino você bebê

Se balançando no colo de um estuprador. Gosto dos meus
                                                    [dentes
Limpos. Gosto de me manter aquecido

E saudável. Eu entendo. Então entendo
Outra vez: minha higiene oral e sua memória

Se evitam mutuamente

Como uma garota que vai pelo caminho mais longo
Para evitar o valentão do bairro, como um valentão

Que na verdade preferia bater em alguém
Novo. Não posso te ajudar. Não posso te abraçar.

Não posso apertar tua mão direita, embora
Ela nunca tenha segurado uma arma, embora nunca

Tenha calado uma boca adorável, e você não pode me pagar
Para passar pelo térreo sem que eu deseje

Cuspir ou estragar alguma superfície brilhante

Sem pensar em quem vai ter que limpar.
Ainda seríamos todos pobres. Eu acabaria encharcado

Vagando por aí. Você acabaria lembrando
Daquilo que não termina com um sorriso que brilha

Em lugares escuros. Alguns não conhecem
A escuridão. Outros sim.

Querida Brancura

Venha amor, deita aqui, amor, comigo
Nessa cama *king size* onde vamos nos entorpecer
Um com o outro deixando que o sono nos leve
Ao alívio, uma sonolência que surge só quando
Te abraço e você me abraça tão apertado que não faço ideia
Onde eu começo — onde você termina — onde você

Mente pra mim. Me conta umas mentiras bem bonitas

Sobre o que significo para você quando
Eu tenho trabalhado o dia todo e desejo voltar
Para casa como um herói de guerra que perdeu um braço.
É assim que eu luto para vencer você, para ganhar
Terreno, você será bem-vinda nele para dividir o espaço
E nomear as coisas. Veja como essa boca se abre
Para falar qualquer linguagem que você me permita
Com a ameaça da minha cabeça segura num berço.

Mente pra mim. Me conta umas mentiras bem bonitas

Sobre o que você exige, uma intimidade tão trabalhosa
Que quando acordo para te escovar dos meus
Dentes eu vejo você no espelho. Não vou ficar
Por muito tempo. Quando você olhar naquele espelho, ele
Estará limpo. Você ficará satisfeita
De só ver a si mesma. Eu estive ali algum dia?

Mente pra mim. Me conta umas mentiras bem bonitas

Do cisne

A sorte: meu corpo comum
Certa vez sob

Um Deus. Nenhuma noite encerra
Seus cuidados, como

Ele termina um campo fechado, como ele
Esvazia

Uma estufa. Ele me liberta
Depois. Por que

Então rezar como uma mulher
Arruinada

Por uma extremidade sempre amarga?
Homens morrem,

Mas a alma de Deus se eleva de seu bico
Preto, encontra

Pele nua numa paisagem pronta
Para o uso —

A imortalidade exige adoração.
Eu era

A abertura do Senhor na terra,
Uma mulher

Com penas espalhadas pela
minha pele.

Indústria do entretenimento

O terror de ver um filme
O tempo todo
     Tenho que gritar a cada cena
     Desviar e ficar abaixado
     Blues do atentado a tiros

Quando me vir vindo
Se me vir correndo
Quando me vir correr
Corra também

Não tenho filhos
Porque teria que mandá-los para a escola
     O que não é seguro como qualquer
     Plano de ter filhos
     Blues do atentado a tiros

Quando me vir vindo
Se me vir correndo
Se for mais veloz que uma bala
Você também deve correr

Participação

Sou um eles na maior parte da América.
Alguém se sente perdido na floresta
Do nós, então ele não consegue imaginar
Uma árvore sequer. Ele não consegue suportar.
Uma cruz. Uma crucificação. Tão
Cristão. Toda aquela madeira
Empilhada no caminho dele no fato
De que um homem ou uma mulher
Podem muito bem ser um segredo, tão
Séria a necessidade dele de ver por dentro.
De cortar. De contar. Quantos
Anos poderei viver numa nação
Que acredita que podemos brotar
De uma sepultura? Podemos chegar lá. Subir
Tão alto quanto o First State Bank.
Levar um tiro. Atravessar
O concreto. A calçada.
A rua que alguém atravessa
Quando ele vê a selva onde
Queria a cidade dele. A estrada
De ferro dele. O poste telefônico dele.
Tora. Timbre. Esse é um som
Horrível, e as pessoas pagam pra ouvir
Isso. As pessoas dizem coisas ruins sobre
Mim, ainda que não saibam
Meu nome. Eu tenho um nome.
Uma participação. Edifico. Cavo. Morro.
Vou pra debaixo da terra. Cavo um túnel
No chão do oceano. Enraízo. Broto

Como um pensamento que alguém
Plantou. Alguém plantou
Uma ideia de mim. Uma mentira. Um negrinho
Do pastoreio. O mito de um Hamlet
De madeira na América, um matagal,
Merda, um pedaço de grama ao sol
Onde qualquer um de nós de repente
Vira alguém tão inteiro como um nós.

Escala

Dallas é tão
Longe
Até para o povo
Que mora
Em Dallas uma conexão
Que nos permite chegar
A lugares menores
Aos trancos
E barrancos voltar
Para casa significa parar
Em Dallas e todos viemos
De cidades
Pequenas e fazendas
Se todos continuarmos
Voltando
Longe o bastante preste
Atenção mantenha
Seus pertences
Por perto todo mundo
Em Dallas ainda
Está dirigindo
Às 3:34 da manhã
Fora da rodovia I-20 onde
Fui estuprado
Embora ninguém
Dissesse que era
Isso que ele estava
Espreitando
Quando enfim

Eu entendi
Ele pensou na necessidade
De me deixar com o conhecimento
De que posso ser
Odiado eu era
Menor na época
Uma estrada
Me atravessou
Não um aeroporto
Eu o levei
Para casa
Um acidente
Na *freeway*
Ficamos sentados
No engarrafamento
Minha carteira
No banco do carro
Bem no meio
Das minhas pernas

III

Duplex

Começo com amor, na esperança de acabar lá.
Não quero me tornar um cadáver desfigurado.

    Não quero deixar um cadáver desfigurado
    Cheio de remédios que embriagariam o sol.

Alguns dos meus remédios embriagam o sol
Alguns de nós não precisam do inferno para sermos bons.

    Aqueles mais necessitados, precisam do inferno para
                                 [serem bons
    Quais são os sintomas da *sua* doença?

Eis um sintoma da minha doença:
Homens que me amam são os que sentem a minha falta.

    Homens que me abandonam são os que sentem a
                                   [minha falta.
    No sonho em que sou uma ilha.

No sonho em que sou uma ilha,
Cresço verde com a esperança. Gostaria de acabar lá.

Sobre a minha fúria

Eu amo um homem que sei que pode morrer
E por acaso não de uma doença
E por acaso não pela mão dele
Mas por causa da cor daquela mão e de toda
Sua pele perfeita. Há uma alegria em
Entender que ele pode me machucar
Mas não vai. Penso agora que eu seria infeliz
Inconsciente ao lado do mesmo amante
Muitas noites seguidas. Ele se apronta
Para ir pra cama bem do outro lado
Da minha fúria, mas antes faço uma trança de nós dois
Não durmo até conseguir o que quero.

Depois de Essex Hemphil

A noite é a noite. É o que
Dizem as estrelas que nos iluminam
Enquanto nos ajoelhamos clandestinos e
Clandestinos como Malcom x.
Este é o parque dele, esta parte
Da capital onde nós
Dizemos por favor com nossas bocas
Cheias uns dos outros, ninguém tão
Faminto como eu encostado nessa
Árvore. Essa árvore, se botarmos
Força, vai cair. Mas se
Eu não botar nada, me chamam de
Bichinha. Alguém na minha frente
Semeou floresta
Frutífera inteira. A noite
É um direito meu. Eu não devia
Comer? Eu não devia repetir,
E era muito bom, como Deus fez?

Estadia

> *Foi relaxante aprender o que não era*
> *necessário.*
>
> Gwendolyn Brooks

O dia inteiro, fico quieto só pensando nisso —

Seu corpo em cima do meu, aquela
Ausência de ar entre nós — quente mas relaxante

Enquanto me sento no meio da minha cama de aprendiz,

Boca aberta, sem tocar nada,
Minha memória o único ruído necessário.

A.D.

Cada um magoa muito, mas nenhum garoto magoa
Como o primeiro.

                        Quando vocês dormiram numa cama
Estreita demais para dois. Você achou que ele desapareceu

                      No lençol e na almofada,
Mas veja você agora, aos 28 numa *king size*, você acorda

Com um homem no pensamento — A cabeça
No seu peito, vocês dois se ajeitam

O melhor que podem para dar
Espaço um pro outro.

Dez anos, seus pés pendiam, grandes e embolados e
                                       [ainda assim
Você é vítima

De pesadelos como esse. Você respira
Como se ele estivesse ficado deitado em cima

                      Durante a última década.
Um homem vai pro céu, você sufoca debaixo do peso.

Virar você

Toda minha ansiedade é ansiedade de separação.
Quero crer que você ainda está aqui comigo,
Mas a cama é maior e o lixo
Transborda. Uma boa alma devia
Levar meu lixo. Sou tantas coisas estranhas
E invejáveis. Virtuoso não é
Uma delas. Prefiro um homem a evitar
Do que um homem a imaginar em um reino
Invisível, embora até o médico que
Fechou seus olhos jure que você está em algum lugar
Tão próximo quanto a respiração. A minha, não a sua.
Você não respira. Você tem o
Paraíso. Isso deveria ser o meu
Abrigo. Quero que você me diga que aí
Brilha. Quero que você me diga qualquer coisa
De novo e de novo enquanto viro você
Para te acalmar ou te acordar ou te lembrar de que
Não se pode esperar que eu arrume a bagunça de um homem.

O vírus

Considerado indetectável, não posso matar
As pessoas que você toca e não posso
Borrar sua visão
Dos amores perfeitos que você plantou
Do lado de fora da janela, quer dizer
Não posso matar os amores perfeitos, mas quero.
Quero que eles morram, e quero
Provocar a morte. Quero que você
Preste atenção pois ainda estou aqui
Bem debaixo da sua pele e dentro
De cada órgão
Como a raiva que habita um homem
Que estuda a história de seu país.
Se não posso causar
Sua morte, te deixo
Inquieto. Olhe. Olha
Outra vez: me mostre
A cor das suas flores agora.

Os coelhos

Eu peguei os dois
Cruzando no gramado
Enquanto encostava o carro na garagem
Depois de uma noite de muita música,
De beber em pé
Porque acho que fico mais bonito
Em pé. Eu devia mentir. Dizer que
Eles expressaram meu desejo
De montar e ser
Montado enquanto disparavam
Para as partes mais escuras daquilo
Pelo que paguei, mas estou cansado
De reivindicar a beleza onde
Há somente a verdade: os coelhos
Me ouviram chegar e disseram
Perigo em qualquer língua
Que o impeça de continuar. Devo dizer que
Eu me vejo assim
Como um perigo daquele jeito, o motor
Em ponto morto, mas pensei
Infestação. Agora me preocupo
Ninguém nunca vai me amar —
Coisinhas peludas fodem com prazer
No meu quintal e eu
Sou lembrado de tudo
Do que me livrei. E de toda coisa viva
Que ainda precisa ir embora.

Monoteísmo

Algumas pessoas precisam de religião. Eu?
Tenho meu cabelo escuro comprido. Torço
As raízes e tranço apertado. *Você é*

O meu vilão. Você é um pai severo, ele se queixa
Nas minhas costas, amarrado e dentro da touca,
Intocável. Então chega

A noite — E antes de levar minha
Juba para a cama comigo, me sento
Na frente da penteadeira, Desfaço, des-

Enrolo. *Enfim os seus dedos*, ele diz
Ao pé do meu ouvido, *Seus dedos. Suas
Mãos inteiras. De ninguém mais, só suas.*

Token

Burgo, vila, -ópolis e -lândia,
Odeio essas cidades pequenas,
Suas demandas. Se eu precisasse
De alguém me encarando, pintaria o cabelo de roxo
E moraria em Bemidji. Olhe pra mim. Quero pintar
Meu cabelo de roxo e nem reparar
Que você reparou. Quero o escândalo
No meu quarto mas não nas bocas dos clientes
Da loja de conveniência da estrada mais próxima. Me deixe
Ser mais um invisível,
Cansado e esquecido e à mercê
De qualquer pequeno sofrimento que criei pra mim
Sem ninguém me perguntando
O que há de errado. A preocupação com minha alma me
                                              [ofende, então
Moro na cidade grande, seus contornos
Sinuosos como os labirintos de estabelecimentos adultos
Pelos quais vaguei aos 20 anos: compre uma ficha para entrar
Em túneis de homens, ligeiros e sem cor lá onde
Cada um sabia o que nós éramos,
Lá onde eu não era o único.

Os *martelos*

Eles ficaram sobre a cômoda como qualquer coisa
Que coloco no bolso antes de sair
De casa. Até vi uns pequenos
Encostados na janela da minha sala
De estar, ameaças metálicas com farpas
No cabo. Eles se inclinam como aqueles
Garotos na esquina que podem
Não ser adolescentes porque pedem
Dinheiro logo cedo
Numa manhã de abril e porque eles batem
Na porta às 10h da manhã. Preciso de ajuda para carregar
Algo pesado? Que cortem a grama? Os garotos
Pareciam não ligar de deitar
No chão iluminado pela TV. Eu teria
Coberto eles de linho, com toalhas
Secas e casacos velhos, mas suas unhas
E cabeças duras e redondas brilhavam
Na escuridão, o que é, no mínimo, uma visão
Na escuridão. E seus cabos significavam
Minhas mãos batendo nas superfícies, montando
Finalmente as estantes. Um ficou pendurado
Na ponta estreita de uma pá
Do ventilador de teto, à espera do verão.
Achei outro encostado perto da lâmpada
Na geladeira. Eu não estava com fome?
Por que tê-los ali se eu não podia
Usá-los, se não podia olhar meu próprio
Reflexo no espelho e dar com um deles
Na têmpora e me apagar?

Eu conheço aquilo que amo

Vem da terra
É verde e engana
Às vezes o que eu amo
Aparece às três
Da manhã
Entra correndo e me deixa
De ponta-cabeça. Algumas
Vezes o que eu amo simplesmente
Não aparece de jeito nenhum.
Pode me magoar se for
A intenção... porque
É isso o que significa
Estar *apaixonado*. O que eu amo
Se entende a si mesmo
Como adequadamente escasso.
Sabe que não preciso
Do que não posso ficar sem.
Em certas noites prendo
A respiração. Me transformo como algo
Que *estraga*. Quando eu morrer
Um homem ou uma mulher vão
Limpar a bagunça
Deixada pelo corpo. Eles vão
Falar do preço da gasolina
E da seca recente
Enquanto preparam o cadáver
Preto azulado que ainda
Geme, como fazem os mortos:
Eu queria o que qualquer um

Com uma orelha quer —
Ser tocado e
Comovido por uma presença
Que não tenha mãos.

Travessia

A água é uma coisa, e são quilômetros dessa coisa.
A água é uma coisa, transformando essa ponte
Construída sobre a água em outra. Entre nela
Ande cedo sobre ela, volte no lusco-fusco, todo mundo
Se levanta só para achar um jeito de descansar outra vez.
Trabalhamos, começamos de um lado do dia
Como o único sol de um planeta, nossos olhos atentos
Até que a chama afunde. A chama afunda. Graças a Deus
Sou diferente. Percebi e considerei. Não faço a travessia
Para atravessar de volta. Tenho que fazer
Algo vasto. Capaz de ir
Tão longe quanto o mar. Sou mais que um conquistador, maior
Que a coragem. Eu não marcho. Sou aquele que dá o salto.

Salvação

Embora não tenha engraxado sapatos para isso,
Não tenha me sufocado lindo com uma
Gravata apertada, colorida, o domingo me chega
Novamente como me vinha na infância.

Nós, os poucos que ainda ouvimos rádio na folga
Seguimos abertos para a surpresa. Rezamos
Desatentos à oração. Somos um povo feio.

Perdão, eu não quero cantar como
Tramaine Hawkins, mas Deus se eu pudesse
Me transformar na nota que ela alcança
No quinto minuto de "The Potter's House"

Quando o vocabulário negro anuncia o lar
Imaginado: *Para todo tipo de destruição, há*
Salvação! Ela acredita nisso mesmo que eu

Pare de escutar. Eu não sou santo
Porque continuo tentando ser um som, algo
De que você vai se lembrar
Quando tiver vivido o bastante para não crer no paraíso.

Reflexões sobre o Parque Nacional Histórico do Jazz de Nova Orleans

1

Querido Tom Dent,
Nós ainda te amamos
E amamos o que
Significa ser
O filho do reitor
De uma universidade negra
Cujo orgulho
E rebeldia
Se parecem com as dos homens
Do Seventh Ward.
Eles gemeram
Por você, e
Não é só música
Mas também corpos
De vários
Tons arranjados
Para um som
De anseio ou
Ausência ou *desejo*
Que um negro fosse — Volte
Para casa,
Clarinho
Querido, venha
Dar um beijo
No papai.

2
Eu me apresento para que você possa

Entender como chegou aqui
E a quem você deve. Enquanto

Eu puder me lembrar da banda de metais, ela
Vive, cada adeus uma mentira. Cada
Um deles carrega o peso

Que escolheu. E toca. Não há roubo.
Não há estupro. Não há inundação. Não. Não
Agora. Não neste agradável

Quarto ensolarado da minha cabeça. Sagrado.

Assim diz a Bíblia, no princípio, O pretume. Estou vivo. Você?
Vivo. Você nasceu com a audácia

De chegar bocejando. Você que
Anda sem notar seus pés
Sobre o piso de madeira varrido

De manhã cedo: por causa de Eva, por
Causa de Luci. A ponta da minha bota inteira

Sapateando.

3
Essa cadeira
É onde
Entendo

Que não sou
Nada se
Não puder
Sentar um instante
Na plateia
Ou sozinho, sentar
Um pouco
E agradecer a Deus
O assento
Ter continuado
Aquecido.

Escuro

Estou cansado da sua tristeza,
Jericho Brown, da sua negritude,
Dos seus livros. De saco cheio de você
Me levar para a cama
Para eu esquecer o quanto estou
Cheio. Estou cansado da sua beleza,
Dos seus debates, sua preocupação, sua
Determinação em manter a bunda
Dura, da pouca grana que ganha.
Cansado de você dizendo não quando sim é fácil
Como um jovem, de saco cheio de você
Dizendo sim a todos os pedidos
Embora esteja tão cansado quanto qualquer um porém
Consumido por um único
Diagnóstico de saúde. Estou cansado
Da sua mágoa. Vejo que
Você está triste. Você pode ser feio,
Mas isso não é novo.
Todo mundo que você conhece
Também é bem louco. Todo mundo que você ama é
Bem triste, ou, no mínimo, bem preto.

Duplex

Não me acuse de dormir com o seu homem.
Quando eu não sabia que você tinha um homem.

Quando eu ainda não sabia que você tinha um homem.
A lua brilhava sobre o apagão da cidade.

Eu ia para casa a pé sob a luz da lua no meio do apagão.
Eu era jovem demais para ser sensato,

Ele era tão jovem, tão insensato.
Ele molhava a maconha no líquido de embalsamamento.

Ele molhava nossa maconha no líquido de embalsamamento.
Fazíamos amor em trens e em vestiários.

Amor no metrô, amor em banheiros de shopping.
Um tédio em casa, ele se transformava na cidade.

O que é seu em casa é um lobo na minha cidade.
Você não pode me acusar de dormir com um homem.

Bunda e coxas

Onde sou mais malhado, me defini
Com agachamentos e estocadas, e toda

Vez que suava, eu não pensava
Em ser rasgado ou penetrado, embora

Eu soubesse que sim, os músculos atrairiam os homens,
E a carne distribuída adequadamente levaria

Um deles a pensar que ele consegue — quando
Corre do que fareja para nos matar —

Montar nas minhas costas confiante de que posso
Carregá-lo num bom ritmo por uma longa distância,

E acreditar, acreditar que
Quando ele tiver fome, sou capaz

De pular alto, arrancar
Uma fruta do pé

Atrás da qual nos escondemos e dar, dar a ele o que comer.

Cakewalk

Meu homem jura que o HIV dele é melhor que o meu, pois
                                [carrega um pouco
De ouro, algo que ele pode gastar se vier a envelhecer, ele
                                    [diz que o meu
É cheio de chumbo, te deixa mais lento, ele me diz, olhando
                                    [por cima do ombro. Mas
Continuo olhando as costas dele e digo que meu HIV é
                                  [banal. Prático. Como
Moedas de um centavo. Como cobre. Ele pode conduzir
                              [eletricidade. Conservar o calor
Ou te dar um choque. Ele trabalha duro, ganha tanto
                                    [quanto o meu sorriso.

Condição

Paz neste planeta
Ou armas incandescentes,
Que deitávamos lá juntos
Como se estivéssemos
Fazendo alguma coisa.
Era parecido com plantar
Um jardim ou planejar
Uma refeição para um povo
Que ainda precisa de alimento,
Tudo isso se tocando, ou
Quase se tocando, sem
Dizer muito, sem acrescentar
Nada. O aconchego
Disso, a pele e
O suspiro ocasional, tudo
Parecia um trabalho digno
De se dominar. Tenho certeza
Que alguém morreu enquanto
Fazíamos amor. Alguém
Matou uma pessoa
Negra. Pensei então
Em abraçar você
Como gesto político. Eu
Também poderia muito bem ter
Me abraçado. Nós não
Defendíamos as mesmas ideias.
Não fizemos porra nenhuma,
E ainda que você tenha me
Abandonado, fico feliz que nós não.

Duplex: Cem

Meu último amor dirigia um carro vinho,
Cor de urticária, sintoma de uma doença.

Nós éramos sintomas, a estrada a nossa doença:
Nenhuma das nossas brigas acabou como começou.

Quem apanha não acaba como começou.
Qualquer homem apaixonado pode produzir um cadáver feio,

Mas eu não queria me tornar um cadáver feio
Esquecido num campo de lírios,

O fedor destruindo os lírios do campo,
O assassino jovem e insensato.

Ele era tão jovem, tão insensato.
Impassível e terrível, esguio como meu pai.

Impassível e terrível, meu pai esguio
Foi o meu primeiro amor. Ele dirigia um carro vinho.

Notas do autor

O trecho em itálico em "A partir de Avery R. Young" (p. 30) é citação de uma entrevista concedida em 2010 por Louis Farrakhan, o líder da Nação do Islã (o quartel-general da Nação fica em Chicago, Illinois).

Os versos em itálico de "Querida Brancura" (p. 48) são da canção "Little Lies", da banda Fleetwood Mac, álbum *Tango in the Night* (Warner Bros. Records, 1987).

"Duplex" ("Começo com amor"...) (p. 57) é para L. Lamar Wilson.

"Os martelos" (p. 67) é estruturado a partir de "What the Angels Left", de Marie Howe.

Agradecimentos

Versões anteriores destes poemas foram publicadas nas seguintes revistas e antologias: *The Academy of American Poets Poem-a-Day*, *The American Poetry Review*, *The Baffler*, *Bennington Review*, *The Best American Poetry 2017*, *BOMB Magazine*, *Boston Review*, *BuzzFeed*, *The Georgia Review*, *The Golden Shovel Anthology: New Poems Honoring Gwendolyn Brooks*, *Gulf Coast*, *Memorious*, *The Nation*, *The New Criterion*, *The New Yorker*, *Opossum*, *Oxford American*, *The Paris Review*, *PEN Poetry Series*, *Phi Kappa Phi Forum*, *Poetry*, *Poetry London*, *Poetry Society of America online*, *The Rumpus*, *T: The New York Times Style Magazine*, *Time*, *Tin House*, *TriQuarterly*, *Vinyl* e *Weber: The Contemporary West*.

Este livro foi escrito com o apoio da Bread Loaf Writers' Conference, da Emory University, da John Simon Guggenheim Foundation, da Poetry Society of America e da Sewanee Writers' Conference.

Notas da tradutora

Token (p. 66)
Token é um termo usado por teóricas feministas negras como Audre Lorde para se referir a pessoas integrantes das ditas "minorias" que, ao alcançarem ascensão social ou financeira, são tratadas como exceções às desigualdades estruturais. São usadas como símbolos de que o racismo, o machismo ou a homofobia poderiam ser superados pelo esforço individual. *Token* também significa "cupom" ou "ficha", no caso um cupom de entrada para estabelecimentos adultos nos quais um homem negro pode deixar de se sentir um *token*.

Os martelos (p. 67)
O título deste poema em inglês, "The Hammers", cria uma ambiguidade proposital, pois além de se referir às ferramentas, The Hammer era o nome de uma gangue que atuava no sul de Los Angeles nos anos 1980; também é possível pensar em homens negros que faziam trabalhos forçados quebrando pedras com martelos e marretas nas chamadas *chain gangs*.

A confusão entre as ferramentas e jovens negros ao longo do poema mostra a tensão entre o desejo e o medo, uma vez que o eu-lírico é um homem gay que deixa martelos espalhados por esquecimento ou estratégia de autodefesa pois percebe os jovens que lhes prestam pequenos serviços e passam um tempo em sua casa como pessoas frágeis que podem se tornar perigosas.

Cakewalk (p. 78)
Cakewalks eram atrações de espetáculos itinerantes populares nos EUA no século XIX e início do XX, os *Minstrel shows*. Durante as *cakewalks* artistas desfilavam e faziam danças e performances extravagantes de improviso. Algumas eram competições entre integrantes de um show, outras reuniam performances só com artistas *crossdressers* e transgênero. Para alguns autores negros queers, como C. Riley Snorton, as *cakewalks* podem ser consideradas na origem de uma cultura negra gay que seria elaborada em *balls* de *drag queens* e competições de *vogue*.

Copyright © 2019 Jericho Brown
Copyright da tradução © 2023 Círculo de poemas

Todos os direitos reservados. Nenhuma parte desta obra pode ser reproduzida, arquivada ou transmitida de nenhuma forma ou por nenhum meio sem a permissão expressa e por escrito da Editora Fósforo e da Luna Parque Edições.

EQUIPE DE PRODUÇÃO
Ana Luiza Greco, Fernanda Diamant, Julia Monteiro, Leonardo Gandolfi, Mariana Correia Santos, Marília Garcia, Rita Mattar, Zilmara Pimentel
REVISÃO Eduardo Russo
PREPARAÇÃO Mariana Ruggieri
PROJETO GRÁFICO Alles Blau
EDITORAÇÃO ELETRÔNICA Página Viva

Dados Internacionais de Catalogação na Publicação (CIP)
(Câmara Brasileira do Livro, SP, Brasil)

Brown, Jericho
  A tradição / Jericho Brown ; tradução Stephanie Borges. — 1. ed. — São Paulo : Círculo de poemas, 2023.

  Título original: The tradition
  ISBN: 978-65-84574-37-3

  1. Poesia norte-americana. I. Título.

23-144222   CDD — 811.3

Índice para catálogo sistemático:
1. Poesia : Literatura norte-americana   811.3

Henrique Ribeiro Soares — Bibliotecário — CRB-8/9314

CÍRCULO *Luna Parque*
DE POEMAS *Fósforo*

circulodepoemas.com.br
lunaparque.com.br
fosforoeditora.com.br

Editora Fósforo
Rua 24 de Maio, 270/276, 10º andar
01041-001 — São Paulo/SP — Brasil

A marca FSC® é a garantia de que a madeira utilizada na fabricação do papel deste livro provém de florestas gerenciadas de maneira ambientalmente correta, socialmente justa e economicamente viável e de outras fontes de origem controlada.

CÍRCULO *Luna Parque*
DE POEMAS *Fósforo*

LIVROS

1. Dia garimpo
Julieta Barbara

2. Poemas reunidos
Miriam Alves

3. Dança para cavalos
Ana Estaregui

4. História(s) do cinema
Jean-Luc Godard
(trad. Zéfere)

5. A água é uma máquina do tempo
Aline Motta

6. Ondula, savana branca
Ruy Duarte de Carvalho

7. rio pequeno
floresta

8. Poema de amor pós-colonial
Natalie Diaz
(trad. Rubens Akira Kuana)

9. Labor de sondar [1977-2022]
Lu Menezes

10. O fato e a coisa
Torquato Neto

11. Garotas em tempos suspensos
Tamara Kamenszain
(trad. Paloma Vidal)

12. A previsão do tempo para navios
Rob Packer

13. PRETOVÍRGULA
Lucas Litrento

14. A morte também aprecia o jazz
Edimilson de Almeida Pereira

15. Holograma
Mariana Godoy

PLAQUETES

1. Macala
Luciany Aparecida

2. As três Marias no túmulo de Jan Van Eyck
Marcelo Ariel

3. Brincadeira de correr
Marcella Faria

4. Robert Cornelius, fabricante de lâmpadas, vê alguém
Carlos Augusto Lima

5. Diquixi
Edimilson de Almeida Pereira

6. Goya, a linha de sutura
Vilma Arêas

7. Rastros
Prisca Agustoni

8. A viva
Marcos Siscar

9. O pai do artista
Daniel Arelli

10. A vida dos espectros
Franklin Alves Dassie

11. Grumixamas e jaboticabas
Viviane Nogueira

12. Rir até os ossos
Eduardo Jorge

13. São Sebastião das Três Orelhas
Fabrício Corsaletti

14. Takimadalar, as ilhas invisíveis
Socorro Acioli

15. Braxília não-lugar
Nicolas Behr

Você já é assinante do Círculo de poemas?

Escolha sua assinatura e receba todo mês em casa nossas caixinhas contendo 1 livro e 1 plaquete.

Visite nosso site e saiba mais:
www.circulodepoemas.com.br

CÍRCULO *Luna Parque*
DE POEMAS *Fósforo*

Este livro foi composto em GT Alpina e GT Flexa e impresso pela gráfica Ipsis em março de 2023. No sonho em que sou uma ilha, cresço verde com a esperança. Gostaria de acabar lá.